ABPcD

Letras, infâncias e vidas de pessoas com deficiência

Ana Clara Moniz com **Lígia Azevedo**

ABPcD

Letras, infâncias e vidas de pessoas com deficiência

ilustrações

Bruna Assis Brasil

Companhia das Letrinhas

Textos biográficos geralmente apresentam as informações mais importantes da vida dos biografados. Nossa escolha foi narrar um episódio da infância de cada um deles. Como nossas fontes não estavam presentes naquele dia e naquele horário, precisamos contar também com a nossa imaginação, que, aliás, é muito bem-vinda quando o assunto é literatura!

Copyright do texto © 2024 by Ana Clara Moniz e Lígia Azevedo
Copyright das ilustrações © 2024 by Bruna Assis Brasil

Grafia atualizada segundo o Acordo Ortográfico da Língua Portuguesa de 1990, que entrou em vigor no Brasil em 2009.

Preparação
MARINA MUNHOZ

Revisão
RENATA LOPES DEL NERO e ADRIANA MOREIRA PEDRO

Tratamento de imagem
AMÉRICO FREIRIA

Dados Internacionais de Catalogação na Publicação (CIP)
(Câmara Brasileira do Livro, SP, Brasil)

Moniz, Ana Clara
    ABPcD: Letras, infâncias e vidas de pessoas com deficiência / Ana Clara Moniz, Lígia Azevedo ; ilustrações de Bruna Assis Brasil. — 1ª ed. — São Paulo : Companhia das Letrinhas, 2024.

    ISBN 978-65-5485-055-1

    1. Pessoas com deficiência — Literatura infantojuvenil I. Azevedo, Lígia. II. Brasil, Bruna Assis. III. Título.

24-211105   CDD-028.5

Índices para catálogo sistemático:
1. Pessoas com deficiência: Literatura infantil 028.5
2. Pessoas com deficiência: Literatura infantojuvenil 028.5

Aline Graziele Benitez — Bibliotecária — CRB-1/3129

Todos os direitos desta edição reservados à
EDITORA SCHWARCZ S.A.
Rua Bandeira Paulista, 702, cj. 32
04532-002 — São Paulo — SP — Brasil
☎ (11) 3707-3500
⤴ www.companhiadasletrinhas.com.br
⤴ www.blogdaletrinhas.com.br
 /companhiadasletrinhas
 @companhiadasletrinhas
 /CanalLetrinhaZ

Para todos os PcDzinhos.

SUMÁRIO

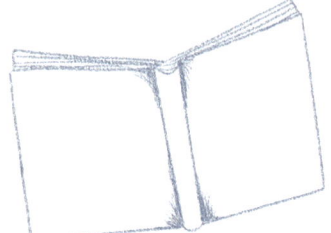

APRESENTAÇÃO

Oiê! Meu nome é **ANA CLARA** e esta sou eu quando criança. Eu tinha cabelo liso, com franjinha, e todo dia usava um penteado diferente, que minha mãe passava horas arrumando. Amava rosa e só queria me vestir dessa cor.

Fui uma menina muito agitada e curiosa. Estava sempre rindo pelos cantos e fazendo novos amigos. Era faladeira demais, embora os adultos raramente quisessem me ouvir. E gostava das coisas sempre do meu jeito e no meu tempo.

Todo mundo tem seu jeito, né? Só que o meu era meio diferente do jeito da maioria das crianças. O meu era com minha cadeira de rodas, que eu adoro! Nunca andei, mas brincava de pique-pega correndo bem rápido com ela. E quando não estava na cadeira eu me arrastava de bumbum pelos cantos da casa — minha mãe não fazia ideia de onde eu ia parar!

Como tenho atrofia muscular espinhal (mais conhecida como AME), uma doença que reduz a força dos músculos, eu vivia indo a médicos e à fisioterapia. Eu precisava contar quantas vezes repetia cada exercício, e foi assim que aprendi os números. Também aprendi sobre como meu corpo funcionava, tanto na teoria quanto na minha prática.

Uma vez, jogaram uma bolinha para eu pegar, só que ela rolou um pouco longe demais. Ninguém achou que eu fosse conseguir buscá-la, já que não andava nem engatinhava, mas fui me arrastando pelo chão até a bola e a joguei de volta. Não gostava quando falavam que eu não era capaz de fazer alguma coisa.

Minha primeira cadeira de rodas era vermelha e pequenininha. Hoje sou adulta e tenho uma cadeira maior. Ela é motorizada e eu dirijo com um controle, como video game. O nome dela é Janaína, ou Jana, para os íntimos. Ela tem placa de carro e muitos adesivos!

Às vezes, as pessoas que andam pensam que usar cadeira de rodas é ruim, mas eu acho bem confortável. Nunca fico sem lugar para sentar, posso acelerar quando me atraso (ninguém ganha de mim na corrida!) e não preciso ficar carregando o peso da bolsa por aí, porque dá para pendurar nela.

Sempre adorei ler, mas quase nunca havia histórias com pessoas como eu, e isso me deixava triste. Por que os personagens dos livros não usavam cadeiras de rodas? E os dos filmes e dos desenhos? Por que não tinham dificuldade de se movimentar, ouvir, ler, falar, como acontece com tantas pessoas?

Um dia, estava assistindo à TV com meus pais e vi uma repórter em uma cadeira de rodas. Não me esqueço do nome dela: Flávia Cintra. Eu me senti representada! Foi aí que soube que eu também queria contar histórias para as pessoas, inclusive a minha e a de tudo o que aprendi.

O sonho se tornou realidade: me formei em jornalismo e agora estou aqui para apresentar esse abecedário inteiro de pessoas superinteressantes, como eu e como você. Quando conheci a história delas, me identifiquei na hora. Quem sabe você não se identifica também!

Vem comigo?

Havia uma criança em uma cama de hospital. Se você se aproximasse, não a veria chorando ou olhando para o teto, como muitas pessoas hospitalizadas costumam ser mostradas nos filmes. Ao chegar perto, você a veria mexendo no celular, com alguma dificuldade em digitar sozinha. Se perguntasse, descobriria que o nome dessa criança era Aaron e que ela estava escrevendo um texto para seu blog, que era um sucesso.

No texto, Aaron pedia desculpas pela ausência. Tinha recebido centenas de mensagens desde que parara de publicar no blog, porque as pessoas gostavam dela e se preocupavam com ela. A internet podia ser um lugar acolhedor para se aproximar de pessoas que sentem o mesmo que você. Por isso, na primeira oportunidade que teve, Aaron voltou a escrever.

Conforme os dias passassem no hospital, você veria uma criança pensativa, lembrando do acampamento no último verão, querendo sentir de novo o sol quente e a água gelada da piscina na pele. Ou batendo papo com os enfermeiros. Ou usando os corredores do hospital como passarela para brincar de modelo. Ou de novo com o celular na mão, observando tudo ao seu redor. Você veria uma criança que, apesar de ser famosa na internet, ainda levava bronca com o irmão quando os dois quebravam um vaso em casa. Uma criança internada no hospital, mas que era muito mais do que aquele lugar.

Era assim que Aaron se sentia, e como continuaria se sentindo ao longo da vida. Quando recebeu seu primeiro convite para dar uma palestra. Quando seus pais conseguiram comprar um apartamento só deles. Quando se formou na escola. E, principalmente, quando se viu como modelo em uma capa de revista.

AARON ROSE PHILIP nasceu em Antígua e Barbuda em 2001 com paralisia cerebral. Começou a escrever um blog aos onze anos, publicou um livro sobre sua vida aos catorze e assinou um contrato com uma das agências de modelos mais famosas do mundo aos dezessete. Tornou-se também uma voz importante para a comunidade negra e transgênero, da qual faz parte. Foi capa de várias revistas e estrelou uma campanha da Moschino, grife italiana de luxo.

Com a cabeça recostada no banco do carro, Benedita olha para a chuva escorrendo pelo vidro. Ela sente as vibrações da música tocando no rádio, mas não entende a letra. Sabe que os pais estão conversando no banco da frente e, pelos movimentos das bocas, sabe que é sobre ela, mas isso não a incomoda. Seu incômodo tem a ver com a consulta de que acabaram de sair.

Benedita foi a um médico novo, que perguntou sobre sua vida, sua rotina e pareceu ficar surpreso com o fato de que ela sabia falar. Quando a menina mencionou a escola, sem mais nem menos o médico aconselhou seus pais a transferi-la para uma instituição só para surdos.

Assim que o carro para na garagem, Benedita desce, bate a porta com tudo e vai correndo para o quarto. Lá, pega seus álbuns e vê as fotos de quando era pequena. Elas a fazem lembrar das várias previsões que ouviu dos médicos ao longo da vida. Que ela não desenvolveria a fala, não se comunicaria, não poderia estudar em uma escola regular. Benedita não entendia como pessoas que não a conheciam podiam presumir tanta coisa a seu respeito.

Aqueles médicos não sabiam que Benedita adorava música e que seu estilo favorito era reggae, mesmo que para ela soasse de um jeito diferente. Ou que adorava viajar e documentar cada uma dessas experiências. Ou ainda que amava assistir a filmes e que tinha o sonho de produzi-los quando crescesse.

E o médico de hoje não sabia — e não fazia a menor questão de saber — que Benedita gostava da escola em que estudava, que tinha uma porção de amigos. Outro tipo de escola podia ser o certo para outros pacientes dele, mas Benedita sentia que para ela não seria. E quem melhor para saber? Ninguém, Benedita conclui na mesma hora. Então decide que, assim que se acalmar, vai descer e dizer para os pais o que acha. E eles vão entender.

BENEDITA CASÉ ZERBINI nasceu no Rio de Janeiro (RJ) em 1989, e, quando bebê, recebeu o diagnóstico de perda de audição severa nos dois ouvidos. É diretora audiovisual e trabalha contando histórias em forma de vídeo junto do marido, com quem tem um filho.

O chão era lava. Carol precisava chegar até o outro lado do quintal, mas o único jeito seguro de fazer aquilo era pelas janelas. Ela foi se pendurando nas grades e pulando de uma para a outra. Quando olhou ao redor, viu árvores, a nascente de um rio, dinossauros caminhando no horizonte. Então ouviu o barulho da porta: era a avó chegando.

Não seria a primeira vez que pegariam Carol no pulo. Ela se aventurava diariamente, mesmo que a mãe e a avó não gostassem nem um pouco. As duas diziam que a lava, os dinossauros, as árvores e o rio eram coisa dos livros favoritos da menina, que não estavam ali. Carol sabia daquilo, mas suas escaladas fantasiosas eram uma forma de sentir seu corpo. Além de serem muito divertidas, claro.

Carol se contentou em encerrar a aventura mais cedo e mergulhar nos livros. Pegou todos os que conseguiu carregar da estante do quarto e foi correndo para a sala. Então se sentou no tapete e colocou os livros no chão. Ela não sabia ler, mas ficava horas olhando as imagens e inventando suas próprias histórias sobre princesas que salvavam a si mesmas, grupos de amigos curiosos e uma infinidade de outras coisas. A mãe não entendia por que Carol preferia ficar vidrada naquelas páginas em vez de brincar com as outras crianças.

Não importava: a menina faria tudo de novo no dia seguinte. De manhã, enquanto a avó estivesse fora, iria se divertir com os dinossauros; à tarde, mergulharia no universo das páginas de sua estante. A mãe e a avó continuavam sem entender. Mas, um dia, Carol descobriria um jeito de explicar para elas.

CAROL SOUZA nasceu em Itararé (SP) em 1994. Aprendeu a se comunicar com ajuda de imagens, foi diagnosticada com autismo aos 23 anos e hoje é usuária de CAA, um conjunto de ferramentas e estratégias de comunicação. Começou a compartilhar nas redes sociais suas dificuldades do dia a dia para que a família a entendesse, e hoje trabalha como criadora de conteúdo sobre autismo para internet. Formada em pedagogia, também é coordenadora do Instituto Lagarta Vira Pupa, que busca uma sociedade mais inclusiva para pessoas com deficiência e seus familiares.

— Quer experimentar esta prancha aqui?

Quem faz essa pergunta é um surfista, depois de ter visto Davi brincar um tempão no mar com sua prancha de bodyboard. O menino acabou de se sentar na areia para ficar admirando a paisagem e sentir a maresia enquanto recupera o fôlego.

Seus olhos brilham ao ver aquela prancha verde irada. Davi sempre gostou de esportes, aventura, adrenalina. Puxou isso da mãe, que quando pequena só queria saber de andar de bicicleta, carrinho de rolimã... e se machucava direto.

Davi também se machucou uma vez. Depois de assistir a um desenho do Homem-Aranha na TV de casa, decidiu:

"Vou escalar esse sofá."

Ele não tinha o menor interesse em ser só espectador: queria mesmo era ser protagonista da história, a estrela. E naquela história o protagonista pulava de um prédio para o outro e escalava o que quer que fosse rapidinho. Escalar o sofá não seria difícil para o Homem-Aranha, tampouco foi para Davi.

Do alto, ele viu o reino que se estendia lá embaixo: seus brinquedos espalhados pelo tapete, a TV do outro lado da sala, as portas que davam para a cozinha, o banheiro, os quartos. Então Davi pensou:

"Agora vou escalar a parede."

É verdade que determinação e habilidade podem levar uma criança muito longe na vida, mas não mudam as leis da natureza: ninguém é capaz de escalar uma parede lisa sem ter a que se agarrar ou onde apoiar os pés. Davi caiu, aterrissando de cabeça num boneco articulado. Ele levou a mão ao cocuruto, que estava ardendo. De alguma maneira, a espadinha do boneco tinha fincado ali.

No fim das contas, aquilo não foi nada de mais. E com certeza não tornou Davi menos aventureiro. Algum tempo depois, uma tia lhe deu um skate de plástico para que ele se locomovesse com mais facilidade dentro de casa. Ele gostou tanto que a mãe acabou lhe comprando um skate profissional.

Agora, Davi olha para o surfista. O cansaço do bodyboard desaparece na mesma hora.

— Vambora! — é tudo o que ele diz, empolgado.

DAVI TEIXEIRA, ou **DAVIZINHO RADICAL**, como é mais conhecido, nasceu no Rio de Janeiro (RJ) em 2005, com síndrome da banda amniótica, que pode levar a malformações físicas — no caso dele, nas pernas e nos braços. Apaixonado por esportes, pratica natação, skate, golfe e surfe. Foi campeão mundial de surfe adaptado em 2016, 2022 e 2023.

E

Era uma tarde ensolarada. O sol entrava pelas janelas grandes e esquentava as paredes e o piso frios dos quatro andares do museu. Talvez a maioria das crianças aproveitasse o clima para ficar ao ar livre, mas, ainda que adorasse jogar futebol, Edinho tinha escolhido fazer outra coisa naquele dia: se perder.

O menino subia e descia as escadas sem nenhuma pressa e sem nenhuma preocupação, observando as obras e a estrutura física do museu em todos os seus detalhes, e extraindo significado delas. Os museus despertavam nele algo que não sabia explicar. Edinho se dava permissão para se perder naqueles lugares porque gostava daquela sensação, da ideia de precisar desvendar um espaço desconhecido para compreendê-lo e traçar uma nova rota, só sua. Se fosse pensar a respeito, era quase como navegar na cultura ouvinte.

Edinho era surdo de nascença e tinha três irmãos mais velhos, todos ouvintes. Quando eles falavam ao mesmo tempo, principalmente se discutiam ou estavam empolgados, o menino achava difícil acompanhar, mesmo que soubesse fazer leitura labial. Depois os irmãos até lhe passavam uma versão resumida, mas Edinho não se interessava por resumos e não gostava de intermediações. Queria saber de tudo e em primeira mão. Por isso, ele tinha se tornado um grande analista, alguém que se preparava para qualquer tipo de imprevisto. Alguém que estava sempre de prontidão.

Se agora Edinho não se importava de estar perdido é porque sabia que tinha todas as ferramentas de que precisava para se virar sozinho. Assim que terminar de desvendar aquele museu, ele vai voltar para casa e contar absolutamente tudo aos irmãos. A versão integral de sua aventura, nunca a resumida.

EDINHO SANTOS nasceu em 1986 em São Paulo (SP). É um poeta surdo. Formado em pedagogia, atua como arte-educador, tradutor de poemas do português para a língua brasileira de sinais (LIBRAS), produtor de eventos, ator e ativista. Trabalhou no Museu de Arte Moderna de São Paulo (MASP), no Museu do Futebol, no Museu Afro Brasil e no Itaú Cultural.

Frida corre até o portão e entra brava em casa. Aquele grupo de meninos da escola a tira do sério. Não deixam que as meninas brinquem com eles no pátio. Onde já se viu uma coisa dessas?

No quarto, pelo menos, ela sabe que pode passar horas inventando um mundo só seu. Que pode brincar com quem quiser e do que quiser. Os pais e as irmãs acham que ela é estranha por ficar tanto tempo sozinha, mas ela não se incomoda. Dificilmente se importa com o que os outros dizem.

Frida assopra o vidro da janela até que fique embaçado. Desenha com o dedo uma porta e entra por ela. Do lado de lá, vê um campo grande e bem verde, por onde ela corre super-rápido, até chegar à leiteria Pinzón, um lugar que vende manteiga e queijo caseiros. Frida escorrega pela letra "O" do letreiro do estabelecimento e assim viaja ao centro da Terra.

Lá, encontra todas as coisas boas do planeta. Sorvete à vontade, brinquedos, parques e mais parques. Lá, não existem meninos chatos que ditam brincadeiras nem dores irritantes que não passam. Lá, uma amiga a espera, uma companheira fiel de aventuras. Frida lhe conta seus problemas secretos. As duas lutam lado a lado com os maiores nomes da história em guerras que sempre são vencidas pelas mulheres, atravessam desertos de areia, sobem em pirâmides históricas, dançam como se não tivessem peso algum. E, acima de tudo, riem juntas.

Frida gostaria de rir assim na vida real. Procura acreditar, no entanto, que as coisas vão melhorar. Que só precisa de um tempo para se adaptar ao mundo lá fora, depois do longo período que passou confinada no quarto. E que a fantasia em que vive mergulhada não chega nem aos pés de tudo o que ela vai viver no futuro.

FRIDA KAHLO nasceu em 1907, no México, e morreu em 1954. Aos seis anos, passou meses isolada das outras crianças ao contrair poliomielite, e aos dezoito sofreu um grave acidente, ficando com sequelas em ambos os casos. Com uma obra vasta e atravessada por fortes elementos autobiográficos, é uma pintora mundialmente reconhecida e um ícone pop e do feminismo.

G Era noite, e Greta estava em um veleiro no meio do Oceano Atlântico. Um veleiro que não tinha cozinha, chuveiro ou mesmo banheiro. Greta não deveria estar ali, deveria estar em casa dormindo, para acordar cedo no dia seguinte e ir à escola, como qualquer outra menina de dezesseis anos. Só que ela não podia fazer aquilo, porque estava indo para Nova York, onde falaria na Cúpula do Clima das Nações Unidas, um evento muito importante para o futuro do planeta.

Greta talvez tivesse medo, tanto daquela viagem quanto da perspectiva de falar diante de líderes do mundo todo, não fosse por outra emoção que a dominava: a indignação. Ela não conseguia acreditar que os adultos simplesmente não se importavam com o fato de que estavam destruindo o planeta.

Aquela indignação havia surgido quando ela tinha uns oito anos, depois de ouvir, na escola, a professora explicar sobre como as ações dos humanos impactavam o meio ambiente. Greta ficou tão impressionada que começou a estudar sozinha o assunto e a passar horas e horas lendo e vendo vídeos a respeito.

Ela sentia que precisava fazer alguma coisa para mudar aquilo. Um dia, quando já tinha quinze anos, decidiu faltar à aula. Mas não para dormir mais, para brincar com a cachorra ou para ficar quietinha na companhia de suas plantas. Greta faltou à escola para protestar.

Decidida, foi até o prédio do Parlamento, onde os políticos de seu país trabalhavam, e ficou ali com um cartaz escrito GREVE ESCOLAR PELO CLIMA. E passou a fazer a mesma coisa toda sexta-feira. Uma única menina talvez não conseguisse mudar o clima, mas outras crianças foram se juntando a ela, e, quando Greta percebeu, tinha se tornado líder de um movimento mundial.

Agora, ali estava ela, sob as estrelas da Via Láctea, com seu discurso preparadinho. Ia falar poucas e boas para aqueles adultos. Ah, se ia...

GRETA THUNBERG nasceu em Estocolmo, na Suécia, em 2003, em uma família de artistas. Ela foi diagnosticada com transtorno do espectro autista, que considera ser seu superpoder. Hoje, é uma das vozes mais influentes do ativismo socioambiental no mundo.

Helen sentia que algo a pinicava. Era a grama recém-cortada, quente do sol. Tinha acabado de se sentar, depois de muito correr. Na verdade, de fugir de sua tutora.

Não entenda mal, Helen adorava sua tutora. Mas às vezes ficava cansada. A moça — e Helen sabia que era uma moça só de tocar seu rosto — desenhava diferentes sinais em suas mãos. Helen não os entendia. Eram todos rápidos demais para ela e pareciam desconexos.

Já fazia algum tempo que a tutora chegara. Tinham aberto espaço para mais um na casa, colocado mais pratos na mesa. Agora, em vez de brincar, como antes, Helen passava a maior parte do tempo tentando entender o que a moça queria.

A tutora logo a encontrou no quintal, claro. A menina era surdo-cega, não invisível. Primeiro, ela colocou Helen para movimentar a bomba d'água. Depois, posicionou a mão da menina na saída, entregou-lhe uma jarra e passou a movimentar a bomba ela mesma. Em uma das mãos, Helen sentia a água saindo aos poucos, primeiro quente, depois fresca. Na outra, sentia os sinais que a tutora não parava de fazer.

Então ela soltou a jarra, em choque. Sentiu os cacos de vidro baterem em suas pernas, mas não se incomodou. Porque tinha entendido!

Á-G-U-A.

Aquele era o nome do que saía da bomba e escorria por suas mãos. Helen havia aprendido as letras isoladas rapidamente, mas só agora conseguia entender que juntas formavam palavras, e que palavras representavam coisas. Helen repetiu os sinais nas mãos da tutora. Sim, ela estava certa.

A menina saiu correndo outra vez pela grama quente, agora com a tutora junto. Queria que a mulher fosse fazendo sinais em uma de suas mãos enquanto tocava tudo o que encontrasse com a outra. Grama, flor, cerca, muro, porta — tudo tinha um nome. Inclusive ela própria! Helen nunca mais se cansaria daquilo (embora talvez não se possa dizer o mesmo de sua tutora): era apenas o começo da redescoberta de seu mundo, palavra por palavra.

HELEN KELLER nasceu nos Estados Unidos em 1880 e morreu em 1968. Aprendeu o alfabeto em língua de sinais aos sete anos, com sua tutora Anne Sullivan, que tinha baixa visão. Primeira pessoa surdo-cega a se formar na faculdade, Helen se tornou escritora e ativista pelos direitos das pessoas com deficiência.

Aquela era a atividade da escola mais fácil que Belita, como a família e os amigos chamavam Isabella, já havia feito. O que era curioso, porque os outros alunos pareciam estar perdidinhos. Belita estava terminando o ensino médio e, para se formar, precisava elaborar seu Projeto de Vida: um grande trabalho escolar sobre si mesma e seus planos futuros, incluindo objetivos a curto, médio e longo prazos.

Para Belita estava tudo muito claro: seu objetivo a curto prazo era estudar moda; a médio prazo, trabalhar com moda. Aquilo estava em seu sangue: sua avó havia tido uma oficina de costura. Desde bem pequena, Belita punha folhas de papel em cima de revistas e passava horas decalcando corpos e roupas. Depois, começou a desenhar as roupas que projetava em sua cabeça e a usar sobras de tecido para vestir suas bonecas de pano. Embora muitas crianças fizessem roupas para bonecas, sua preocupação com os detalhes, seu perfeccionismo e a seriedade com que encarava aquilo chamaram a atenção da família.

Depois de um tempo, retalhos não bastavam mais, e Belita começou a pedir tecidos específicos para suas criações. Seus preferidos eram os tradicionais, produzidos à mão por tecelãs indígenas da Guatemala. Aqueles tecidos bem coloridos transmitiam de uma geração a outra a história e a cultura do país.

O objetivo de Belita a longo prazo era o mais importante de todos: ela sonhava em ter uma marca própria, mas não porque quisesse fama ou dinheiro. Por causa de sua síndrome, o corpo de Belita era mais largo, com pescoço e tronco curtos. O que ela queria era ter roupas ao mesmo tempo bonitas e que tivessem bom caimento, pois a moda podia ser muito cruel com os corpos considerados fora do padrão. Ela ia consertar aquilo. A longo prazo. Para ela e para os outros.

ISABELLA SPRINGMÜHL TEJADA nasceu em 1996, na Guatemala, país da América Central. Aos vinte anos, já dona de sua marca, Down to Xjabelle, tornou-se a primeira estilista com síndrome de Down a apresentar uma coleção na Semana de Moda de Londres.

Judy olhou ao redor e viu muitos adolescentes iguais a ela. Havia cadeiras de rodas, muletas e andadores para todo lado. Depois de passarem a noite anterior dançando, todos, inclusive Judy, estavam bem cansados agora de manhã. Mas ela tinha uma reunião a comandar.

Precisavam decidir qual seria o almoço de quarta-feira. Cada um queria uma coisa e, como monitora do acampamento, Judy tinha que ouvir todas as sugestões. Onde ela morava, era comum os jovens passarem as férias em acampamentos, mas, para pessoas com deficiência, aquele era o único.

Não muito tempo antes, mal havia escolas para pessoas com deficiência. A própria Judy estudara em casa, com uma professora particular. Ela se lembrava de passar em frente ao colégio de seus amigos do bairro e ficar indignada com a quantidade de degraus do prédio. Mas no acampamento tudo era feito por eles e para eles, então aquele tipo de problema não existia. Ali, mais do que tomar sol na beira da piscina e se divertir, Judy podia ser ela mesma. Isso não tinha preço.

Agora, a proposta para o prato de quarta-feira era lasanha. Judy conduziu a votação e depois explicou, em detalhes, como tudo ia acontecer. Enquanto ela falava, os outros ouviam com atenção. Judy tinha esse superpoder: nunca perdia a voz ou ficava tímida, mesmo diante de várias pessoas. Sua opinião era respeitada.

Essas eram boas qualidades para uma professora, profissão que ela queria seguir desde pequenininha. Mas ali, no acampamento, ouvindo e sendo ouvida, Judy estava começando a pensar que o destino talvez tivesse outros planos para ela...

JUDITH HEUMANN nasceu nos Estados Unidos, em 1947, e morreu em 2023. Com um ano e meio, teve uma poliomielite que deixou sequelas motoras. Formou-se em pedagogia e chegou a dar aulas, mas foi no ativismo que se encontrou, tornando-se uma das principais vozes pelos direitos das pessoas com deficiência no mundo.

K

Mais de uma vez, Khamis acreditou estar vivendo o dia mais feliz de sua vida.

Quando o mais famoso jogador egípcio do mundo lhe enviou uma chuteira autografada e uma camisa da equipe inglesa Liverpool.

Quando o Santos, o time da camisa que o pai havia tido a sorte de encontrar em um bazar e que Khamis nunca tirava, o time que os dois acompanhavam pelo celular, mesmo com a internet ruim, entrou em contato para presenteá-lo com uniformes.

Quando seu jogador de futebol preferido, brasileiro, lógico, aquele com quem tinha aprendido como jogar futebol, gravou um vídeo carinhoso mandando um abraço para ele.

Curiosamente, esses e muitos outros dias que Khamis contava entre os mais felizes de sua vida nunca teriam existido se não fosse por um dos dias mais tristes de sua vida: o dia em que a vila onde morava, na Síria, foi bombardeada. Khamis, que estava jogando futebol do lado de fora de casa, ficou gravemente ferido. Ele precisou deixar a mãe e os irmãos em um campo de refugiados e ir para a Turquia com o pai para realizar seu tratamento.

Aquilo levara Khamis a pensar que nunca mais jogaria futebol. Ele amava o esporte e sempre jogava com os amigos. Era tudo para ele. Apenas quatro meses depois, no entanto, assim que a perna cicatrizou, Khamis teve outro "dia mais feliz de sua vida": o dia em que entrou para um time de amputados. Ele ficou tão empolgado que deixou as muletas de lado e saiu pulando com uma perna só. Sabe qual é o nome do time? Al-Amal. Sabe o que significa em português? "A esperança."

KHAMIS AL-GHAGAR é um menino sírio apaixonado por futebol. Em 2019, ele foi ferido e acabou tendo parte da perna direita amputada depois que sua casa foi bombardeada durante a guerra civil na Síria, que começou em 2011 e já deixou centenas de milhares de mortos e milhões de refugiados. Quando crescer, Khamis quer ser médico, para ajudar as crianças que sofreram amputações, mas sem nunca abandonar o futebol.

Algumas meninas iam de um lado a outro do quintal, com lençóis enrolados no corpo para que parecessem vestidos longos de festa. Leila era uma delas. Ela tinha muitos sonhos, mas o maior de todos era o de ser modelo quando crescesse. Às vezes, Leila e as amigas se juntavam e faziam do quintal sua passarela. Outras vezes, ela ficava sozinha na frente do espelho inventando poses. E sempre que podia experimentava andar com os sapatos de salto alto da mãe.

Leila conseguia até imaginar: ela com o cabelo preso em um coque alto, maquiagem leve, só para realçar sua beleza, e as roupas mais incríveis do mundo. Via a si mesma desfilando para grandes marcas, ditando a moda do ano seguinte, a bolsa de colostomia inseparável combinando com cada produção.

A bolsa ficava do lado esquerdo da barriga de Leila, quase na cintura, e costumava chamar atenção. A menina não entendia o motivo: havia nascido com uma doença com nome muito difícil, que prejudicava seu intestino. Ela usava essa bolsa desde que tinha um ano, então achava a coisa mais natural do mundo. Porém alguns adultos pareciam não gostar que Leila a mostrasse.

Isso era algo que ela tivera que aprender: a diferenciar os olhares de curiosidade dos olhares de estranhamento. Algumas pessoas só queriam entender como a bolsa funcionava, mas outras davam risadinhas ou cochichavam a respeito.

De qualquer forma, Leila não se importava. Nunca esconderia sua bolsinha, nem mesmo para virar modelo. E sabia que, assim que isso acontecesse, quando estivesse desfilando nas Semanas de Moda de todo o mundo, atrairia olhares de outro tipo: de admiração.

LEILA SOUZA nasceu em São João dos Patos (MA) em 2000, com a doença de Hirschsprung, que atinge o intestino, por isso usa bolsa de colostomia desde bebê. É formada técnica de enfermagem e trabalha como empreendedora digital e modelo. Em 2022, participou da Goiás Fashion Week, uma importante Semana de Moda do Brasil.

— Ótima sequência, Maysoon! — comenta a professora de sapateado após repassarem a coreografia pela terceira vez.

Maysoon sabe que pode fazer melhor, mas aceita o elogio. Como seus pais não conseguem pagar fisioterapia, desde que ela aprendeu a andar, aos cinco anos, eles lotam suas tardes de atividades que acreditam ser importantes para o seu desenvolvimento, como aulas de dança, piano e teatro.

E a menina pegou gosto pela coisa. Agora, quando sonha acordada, ela vê seu rosto estampado em todas as capas de revistas, com a manchete: "Maysoon Zayid, mulher, de origem palestina, muçulmana, atriz e com deficiência, protagoniza peça na Broadway". Talvez, uma frase longa demais, mas, também, linda demais!

Voltando para casa depois da aula de sapateado, Maysoon não consegue tirar da cabeça a proximidade dos testes para a peça da escola. Ela sempre faz o teste, porém nunca consegue o desejado papel. Não importa se sua interpretação leva a plateia às lágrimas ou faz todo mundo rir: a professora costuma dizer que ela não vai "dar conta". Mas isso está prestes a mudar.

A peça da vez é *E eles dançam bem devagar em Jackson*, que conta a história de uma menina com paralisia cerebral — exatamente o que Maysoon tem. Ela sente vontade de gritar a plenos pulmões: "Eu vou conseguir! Vou ser a protagonista!". Havia nascido para interpretar aquele papel. Se não a deixavam interpretar pessoas que não tinham paralisia cerebral, então não iam deixar pessoas que não tinham paralisia cerebral interpretarem aquela personagem, certo? De qualquer maneira, dessa vez, se a professora viesse com o papinho de que Maysoon não ia dar conta, ela tinha uma resposta na ponta da língua:

— Bom, se eu não der conta do que quer que seja, então é porque a protagonista também não ia dar!

MAYSOON ZAYID nasceu nos Estados Unidos, em 1974, e tem paralisia cerebral. Formada em teatro, sapateou na Broadway, trabalhou como atriz e hoje é comediante. Todo ano, ela vai para a Palestina ajudar crianças com deficiência e órfãos em campos de refugiados a superar o trauma através da arte.

— Você curtiu?

A reação do jornalista inglês que está entrevistando Nujeen ecoa na cabeça dela. A menina acabou de dizer a ele que curtiu o trajeto da Síria para a Turquia, a Grécia e a região dos Bálcãs, só para chegar até ali, à fronteira entre a Sérvia e a Hungria, e descobrir que as portas tinham sido fechadas para refugiados como ela.

Nujeen pensa a respeito. Como podia ter gostado de sair do país onde nasceu? E de deixar os pais na Turquia porque não tinham dinheiro para toda a família? E depois de seguir sozinha com a irmã, responsável por empurrar sua cadeira de rodas, sem nunca saber ao certo como fariam para chegar à Alemanha, onde os irmãos delas moravam?

Mas imagine como é ser uma adolescente que não sai de casa porque não anda e mora no quinto andar de um prédio sem elevador. Imagine não poder encontrar amigos, ir ao cinema, à escola. Imagine como é sempre ter medo de morrer por causa de uma guerra civil.

Agora imagine que você finalmente sai de casa e inicia uma viagem. Que anda de ônibus, de trem e de barco pela primeira vez. Imagine nunca ter se sentido útil e de repente perceber que o fato de ter aprendido inglês assistindo a novelas na televisão não só permite que se comunique como, ainda, sirva de intérprete para os outros? E imagine que todas as horas passadas na internet se tornam muito valiosas agora, porque trocando informações pelas redes sociais você descobre as melhores rotas para avançar, apesar de estarem sempre mudando.

Nujeen enfrentou várias dificuldades, claro. Atravessou terrenos que não eram nem um pouco apropriados para cadeiras de rodas. Dormiu ao ar livre sem cobertor. Passou dias comendo só creme de avelã e açúcar, o que não era tão gostoso quanto parecia. E quase se afogou em um trajeto de bote.

Talvez ela esteja sendo inocente. Talvez não se dê conta do perigo. Mas às vezes a inocência é uma coisa boa. Ela sabe que os problemas vão passar e que é melhor pensar em tudo como uma grande aventura. Então, sim, Nujeen está curtindo a jornada. Porque é uma jornada para uma nova vida.

NUJEEN MUSTAFA nasceu na Síria em 1999. Ela é uma ativista de origem curda, a maior população sem pátria do mundo. Tem paralisia cerebral e ficou famosa ao realizar uma viagem de mais de 5 mil quilômetros em cadeira de rodas para fugir da guerra civil em seu país.

Era o aniversário de seis anos de Odile. Seu vestido branco rodava conforme ela corria — e Odile nunca ficava parada. Ela e o irmão pulavam de um lado para o outro entre os adultos. A casa estava cheia de parentes aquela tarde, que tinham vindo para prestigiar a aniversariante.

Odile havia passado seu aniversário do ano anterior deitada numa espreguiçadeira na casa dos pais. Sentia tantas dores no corpo que não conseguia se levantar, então ficara o dia todo vendo as nuvens, e à noite, as estrelas. Ela tinha fechado os olhos e prometido a si mesma que em seu próximo aniversário ia correr até a exaustão. É curioso tudo o que você quer fazer quando não pode.

Agora, ali estava ela, aproveitando que as dores haviam dado uma trégua para cumprir o prometido. Seu cabelo comprido esvoaçava pela sala, e Odile se perguntava por que o mantinha daquele tamanho. Não era lindo — e bem mais prático — ter cabelo curto? Mas isso não importava agora. Ela estava concentrada em fazer o que mais gostava: brincar até cansar.

No ano seguinte, Odile faria sete. A família estaria lá outra vez, mas seu cabelo não esvoaçaria mais pela sala, porque a menina o cortaria bem curto, como sempre quis. Ela experimentaria a incrível sensação do vento no pescoço ao correr. E teria outra ideia fixa na cabeça: naquele ano, ia praticar todos os esportes que conseguisse.

Se você perguntasse de qual esporte Odile mais gostava, ela nem conseguiria escolher: futebol, skate, judô, ciclismo, natação no verão, esqui no inverno... até a cavalo ela andava. Odile realmente não parava um minuto. E isso ela sabia que nunca mudaria, não importava o que acontecesse.

ODILE MAURIN nasceu em 1964, na França, e foi diagnosticada com autismo e síndrome de Ehlers-Danlos, que afeta as articulações, a pele e as paredes dos vasos sanguíneos. É fundadora da associação Handi-Social, que luta pelos direitos das pessoas com deficiência. Hoje, ainda corre por aí, mas usa cadeira de rodas para isso.

Peter estava sozinho nos bastidores, ouvindo as outras crianças declamarem suas falas na peça que já começara. Ele ia entrar em cena dali a pouco, por isso o nervosismo tomava conta.

Na verdade, Peter estava acostumado com público. Ele e o irmão faziam shows de marionetes para os vizinhos. De fundo, colocavam as músicas mais barulhentas que conheciam ou tocavam instrumentos que eles próprios produziam, como uma bateria feita de latinhas de atum. Também tinha a casa mal-assombrada que a família montava para o Dia das Bruxas todo ano. Eles se vestiam de fantasmas, monstros, bruxas e assustavam as crianças que apareciam para pedir doces.

O que era novidade para Peter era ser o protagonista. Ele era o coelho da peça *O coelho de veludo*. Essa era a história de um menino que ganhava um coelho de veludo no Natal e o deixava de lado, porque preferia outros presentes, mais modernos. Até que, do nada, o coelho virava seu brinquedo preferido. Porém, em seguida, o menino pegava uma doença contagiosa, e o médico mandava a família queimar todos os seus livros e brinquedos. Então vinha a cena mais difícil para Peter, quando ele refletia sobre sua vida com o menino e sobre como nunca seria um coelho de verdade. É claro que uma fada aparecia e dizia que ele já era um coelho de verdade porque o menino o amava, mas, antes disso, Peter ficava sozinho no palco e precisava chorar.

Ele não sabia se estava à altura do desafio. E, falando em altura, para ser sincero, talvez também estivesse com um pouco de medo da reação do público quando o visse vestido de coelho. Será que passaria vergonha?

Então Peter ouviu sua deixa para entrar no palco e se forçou a esquecer aquele tipo de pensamento. Afinal de contas, estava acostumado a ter pessoas olhando para ele. Peter inspirou fundo. E foi.

PETER DINKLAGE nasceu nos Estados Unidos em 1969 com acondroplasia, a forma mais comum de nanismo. É um famoso ator de teatro, cinema e televisão, premiado com o Emmy e o Globo de Ouro.

Quando Quentin se virou, viu uma bexiga azul cheia de água vindo em sua direção. Tudo pareceu ficar em câmera lenta. Tão lenta que um monte de pensamentos passou por sua cabeça antes que a bexiga atingisse o alvo.

Como era bom poder voltar todo ano para aquele acampamento, onde cada criança com deficiência era acompanhada por um escoteiro específico! Assim, os escoteiros aprendiam a ser responsáveis, e as crianças podiam se divertir em segurança. E todos acabavam fazendo amizade com tantas pessoas que em outras circunstâncias talvez nem chegassem a conhecer.

Eles acordavam às cinco da manhã para ver os cavalos treinando no hipódromo ao lado, um mais lindo que o outro, com o pelo brilhante e o porte altivo. Nos dias em que não conseguiam assistir ao treino porque tinham ficado até tarde jogando baralho, vendo filmes e conversando, eles se sentavam na arquibancada do hipódromo e fingiam que os cavalos competiam em uma corrida de verdade.

Agora o acampamento estava chegando ao fim, o que deixava Quentin triste, mas também feliz, porque no último dia acontecia o programa mais legal: a tradicional guerrinha com os bombeiros, que chegavam em seu caminhão vermelho, com mangueira e escada, munidos de bexigas e brinquedos.

Quentin estava se divertindo tanto que nem se preocupava com a possibilidade de que sua cadeira de rodas motorizada entrasse em curto--circuito com toda aquela água. Ali, no acampamento, ele não precisava se preocupar com nada além de ser criança. Por isso continuava voltando. Todos os anos e...

SPLASH!

QUENTIN KENIHAN nasceu em 1975, na Austrália, e morreu em 2018. Tinha osteogênese imperfeita, condição popularmente conhecida como "ossos de vidro", e ficou famoso ainda criança por causa de um documentário sobre sua vida. Foi ativista dos direitos de pessoas com deficiência, escritor e ator.

Redouan odiava o triciclo amarelo que os médicos haviam recomendado para ele. O negócio nunca tinha saído de dentro de casa porque o menino estava determinado a não deixar que as crianças do bairro o vissem com ele.

— Quero uma bicicleta de verdade! — Redouan vivia insistindo com os pais.

Só que eles tinham receio de acabar com outro veículo que só serviria de cabideiro na sala. Por isso, antes de ceder, fizeram o menino prometer que ele aprenderia a andar de bicicleta e não desistiria, não importava o que acontecesse.

Redouan prometeu, claro. E a bicicleta que os pais lhe compraram não era uma bicicleta qualquer. Era uma mountain bike verde irada, com chamas vermelhas e amarelas nas laterais. Um milhão de vezes melhor que o tal triciclo amarelo.

Todo dia o menino treinava um pouquinho. Por mais que caísse bastante, o importante era se movimentar. Correr, dançar, pular, nadar e agora, é claro, pedalar. Redouan sempre fora um menino ativo, é verdade. Adorava a sensação de mexer o corpo e se desafiar no que conseguia fazer. Mas agora era diferente. Agora, ele precisava cumprir sua palavra.

No começo, teve dificuldade de aprender. Então pegou o jeito e decidiu que era hora de tirar as rodinhas de apoio. Ele e o pai foram para o alto do morro que ficava atrás da casa da família. Redouan subiu na mountain bike. Sentiu o vento soprando no cabelo.

— Pronto? — o pai quis saber.

— Pronto! — Redouan respondeu, confiante.

Então inclinou o corpo para a frente e pensou: "Aí vou eu!".

Algumas cenas pareceram em câmera lenta, como o pai comemorando e assoviando atrás dele. Outras, um flash, como a confusão de pernas, braços, terra, grama e céu que se seguiu. De repente, Redouan estava no chão, debaixo da bicicleta, as rodas ainda girando, sem entender direito o que havia acontecido. Só sabia que tinha arranhões nas mãos, nos joelhos e nos cotovelos.

Ele teve vontade de chorar. De chutar a bicicleta. De ir direto para casa. Mas tinha prometido, e era um menino de palavra. Então Redouan olhou para o pai, que continuava no topo do morro, sem se abalar, e perguntou:

— De novo?

REDOUAN AIT CHITT nasceu em 1989, na Holanda, com malformações físicas variadas. É dançarino de break e trabalha como palestrante motivacional. Em 2019, venceu o prêmio de dança de maior prestígio dos Países Baixos.

Sol sabe que deveria estar fazendo a lição de casa. No entanto, prefere mil vezes ficar vendo as mulheres da aldeia se pintando. Ela adora todo o processo que a pintura corporal envolve: produzir a tinta branca com argila, a tinta preta com jenipapo, a tinta vermelha com urucum, depois fazer os desenhos com um palitinho de bambu e fixar com carvão. Quando Sol se pinta, se sente renovada, protegida, forte.

O povo terena, como outros povos indígenas ao redor do mundo, pinta o próprio corpo por diferentes motivos: lutar, celebrar, dançar, ter saúde, força, pedir proteção. Cada motivo exige uma pintura diferente. Hoje, as mulheres da aldeia Tereré vão protestar.

A aldeia Tereré é a casa de Sol nesse momento, mas não é onde ela nasceu. Quando tinha seis anos, Sol foi picada por uma cobra muito venenosa. Graças às ervas da medicina tradicional, ela sobreviveu, mas o tratamento posterior teve que ser feito na cidade. Portanto, ela, os pais e os irmãos se mudaram para essa aldeia urbana.

Sol se sentiu imediatamente aceita. Ali, ela era vista como uma criança como as outras, uma guerreira que fortalecia a comunidade. Ali, o coletivo predominava e não excluía. Na cidade, porém, ninguém tinha vergonha de fazer as perguntas mais absurdas a Sol: "Se você é indígena, por que usa roupa?" ou "Por que estuda na escola?". A vontade dela era responder: "Se você é branco, cadê sua caravela?". Parecia que viam os indígenas como parados no tempo. Ou como se alguém pudesse deixar de ser indígena, dependendo do que fizesse.

Agora mesmo, Sol está enrolando para fazer a lição de casa por causa de um exercício bobo, em que os alunos têm que escolher o que "o índio" comia: peixe, sorvete ou macarrão. Vendo as mulheres de sua aldeia se revestirem da força de suas ancestrais para exigir seus direitos, Sol pensa em não responder como a professora espera que responda. Talvez seja melhor ir para a escola pintada no dia seguinte.

SOL TERENA nasceu em Sidrolândia (MS) em 1983 e tem uma deficiência física adquirida. Além de ser uma ativista indígena, é técnica em biblioteconomia. Criou também uma marca de estamparia, a Grafismos Indígenas, e faz parte do coletivo Acessibilindígena, que procura dar visibilidade à luta de pessoas indígenas com deficiência.

Tofiri está mais ou menos na metade de sua caminhada de três quilômetros. Ele é o terceiro filho de sete, e o responsável por buscar água para a família. Depois, vai ter que voltar pelo mesmo caminho, só que ainda por cima carregando água.

O menino não se importa de fazer o longo trajeto. Andando ele se sente bem, relaxado. Na ida, às vezes até corre. Isso o faz lembrar de quando ia para a escola com passos acelerados porque estava atrasado, o que acontecia quase sempre.

Alguns vizinhos dizem que seus pais não têm coração por permitirem que um menino cego vá tão longe sozinho, correndo o risco de cair, de se machucar, de deparar com cobras e outros animais perigosos. A opinião de Tofiri é de que eles são uns enxeridos que não sabem mesmo do que estão falando.

Quando Tofiri começou a ficar cego, por volta dos doze anos, por causa de uma doença degenerativa, os pais lhe diziam: "Você tem que aprender a se virar sozinho", "Tem que se desafiar", "Tem que ser independente". Tofiri sabe que, mandando-o buscar água, os pais esperam que ele aprenda a trabalhar duro e a ser autossuficiente. Sabe que estão tentando prepará-lo para a vida, tanto quanto tentam preparar os outros filhos, e querem que todos eles realizem grandes coisas.

Tofiri também quer realizar grandes coisas, por isso está considerando se juntar a uma organização que tem como missão ajudar as pessoas a descobrir e desenvolver o potencial de cuidar de si mesmas, dos outros e do mundo por meio de experiências desafiadoras na natureza. Parece perfeito para Tofiri, mas ele ainda precisa pensar melhor a respeito. E as caminhadas que faz todo dia para buscar água são uma ótima oportunidade para isso.

TOFIRI KIBUUKA nasceu em Uganda em 1947. Por meio da organização Outward Bound, estudou no Quênia e esteve no primeiro grupo de cegos a escalar o monte Kilimanjaro, o mais alto da África. Competiu em Paralimpíadas de Verão e de Inverno e ganhou seis medalhas, por Uganda e pela Noruega, onde hoje trabalha como fisioterapeuta.

U

Ursula tem uma folha de papel em branco à sua frente. Chegou há pouco da escola, onde é a única menina da sala de aula. A lição de casa de hoje é fazer um autorretrato, ou seja, um desenho dela mesma. O que a leva a perguntar: "Como eu me vejo?".

Quando menor, Ursula se via como a bailarina de um livro ilustrado da sua estante. A bailarina usava tutu azul e pulava de um lado para o outro. Mas, na verdade, Ursula não tinha nada a ver com aquela bailarina, tinha? Era só uma fantasia. Ela adorava fantasiar, e às vezes imaginava que era uma bruxa, montada em sua vassoura, voando alto no céu. Mas bruxas não eram tão novas, tinham uma verruga no nariz, viviam acompanhadas de gatos e salamandras. Ursula ainda era criança e não tinha bichos de estimação.

Agora, pensando melhor a respeito, talvez ela se veja como uma fada incomum. Com quatro rodas em vez de dois pés, sobre quem todos que vivem naquela pequena aldeia criam suas próprias histórias. Ursula não os julga, porque inventar histórias é seu passatempo preferido. Mas não gosta quando ficam com a impressão de que ela é uma pessoa sozinha e fechada, porque na verdade é aberta e está sempre rodeada de gente. E não só do pai, da mãe e dos dois irmãos, mas também de outras crianças, que estão acostumadas a empurrar sua cadeira de rodas nas brincadeiras.

Talvez Ursula se veja mais como... uma equilibrista. Andando na corda bamba, com apenas o abismo debaixo dela. Ou como as nuvens no céu, em comunhão com o ar, a água, a natureza, mudando de forma constantemente.

É isso! Talvez a professora esteja esperando outra coisa, mas o que Ursula desenha na página é um ponto de interrogação. Desenhar a si mesma é impossível. Além do mais, quem gosta de pintura é o irmão. Ursula gosta mesmo é de escrever.

URSULA EGGLI nasceu em 1944, na Suíça, e morreu em 2008. Devido a uma atrofia muscular progressiva, usou cadeira de rodas desde a infância. Escreveu autobiografias, romances, peças de teatro e de rádio, artigos de revista e contos de fadas com personagens com deficiência.

Vusi está em um cantinho do bar da avó, no bairro de Mamelodi, em Pretória, uma das três capitais da África do Sul. Algumas pessoas acham que aquele não é um lugar apropriado para uma criança da idade dele, não só por causa do ambiente, mas também das discussões políticas que acontecem ali. Vusi, no entanto, está determinado a não arredar pé, não importa o que aconteça.

Só precisa tomar cuidado para não olhar diretamente para as luzes no alto, que podem lhe provocar convulsões. Uma série de outras coisas tem o mesmo efeito em Vusi: acessos de raiva, crises de tristeza, gritos e brigas, ainda que não o envolvam. Se ele tiver uma convulsão agora, vai perder a apresentação, e isso ele não quer de jeito nenhum.

Vusi não precisava ter se preocupado, porque o show começa logo em seguida: as vozes cantando juntas, criando harmonias complexas por si só, sem acompanhamento de qualquer instrumento. É o que chamam de estilo mbube. Quando Vusi ouviu pela primeira vez, ficou tão impressionado que desistiu do desejo de ser pastor ou médico. Soube que era aquilo que ele queria para sua vida.

As crianças de sua idade que Vusi conseguiu convencer a se juntar a ele também queriam tocar, em vez de só fazer harmonias vocais. Como não tinham dinheiro para instrumentos, precisaram de criatividade: Vusi, por exemplo, fez seu primeiro violão com linhas de pesca e uma lata grande de conserva.

Agora, olhando para os músicos no bar da avó, Vusi pensa que seu antigo desejo continuaria ali, de qualquer maneira. Porque, como cantor, talvez ele também possa pregar e curar.

VUSI MAHLASELA nasceu na África do Sul, em 1965, e conviveu com a epilepsia durante toda a infância e boa parte da vida adulta. Compositor e cantor, suas músicas esperançosas inspiraram líderes do movimento de resistência ao apartheid, regime de segregação racial que predominou em seu país até 1994.

— Opa! A nave está perdendo força!

— Não pode ser! Ainda estamos longe do planeta X. E não podemos voltar para a Terra, porque ela explodiu.

— Espera aí! Não é a nave que está perdendo força. Tem um buraco negro puxando a gente, olha ali!

— Vou acionar o turbo, deve resolver!

— Não adiantou! E já apertei todos os botões do painel!

— Ah, não! Já era! Vamos cair lá dentro... aaaaahhhhhhhhh!!!

— Meninas!

Wanda e a irmã se viraram para a porta na mesma hora e depararam com o pai, de pijama e com cara de sono. Ele acordava bem cedo para ir trabalhar no mercado.

— Chega de brincadeira por hoje, está bem? — o pai pediu. — É hora de dormir. Wanda, para sua cama.

O pai e a mãe eram muito bonzinhos com Wanda e a irmã. Apesar das dificuldades financeiras da família, garantiam que as filhas conseguissem se dedicar exclusivamente aos estudos, o que eles próprios não tinham podido fazer. Os dois também faziam tudo o que estivesse ao seu alcance pela saúde das meninas. Wanda tinha diabetes. Sua irmã, uma deficiência física e estava com a maior parte do corpo engessada. Como ela vinha passando bastante tempo na cama, as duas gostavam de imaginar que ela era uma nave espacial, que usavam para explorar o universo.

Naquele momento, atendendo ao pedido do pai, Wanda desceu da cama da irmã e foi para a sua. Ele deu um beijo de boa-noite em cada filha, apagou a luz e foi se deitar também. Depois de um tempo, a irmã chamou baixinho no escuro:

— Wanda?

— Oi.

— O que você acha que tem lá? Dentro do buraco negro?

Wanda, que era muito estudiosa e adorava matemática e ciências, refletiu um pouco a respeito. Então, com toda a sinceridade e determinação, respondeu:

— Não sei. Mas vou descobrir, e aí eu te conto.

WANDA DÍAZ-MERCED nasceu em Porto Rico em 1982 e ficou cega em consequência de complicações da diabetes. Ela tem pós-doutorado em astrofísica e é conhecida por ter desenvolvido uma técnica que transforma dados em sons que permitem "ouvir" o espaço.

O ano é 2004. Xu Qing acabou de completar doze anos. Ele está em Atenas, na Grécia, a um mundo de distância de Pingdingshan, na China, onde mora com a família. Mais precisamente, está diante de uma piscina, na qual logo mais vai entrar para participar de sua primeira Paralimpíada.

Xu Qing não tem grandes expectativas ou objetivos. É o atleta mais jovem de toda a delegação chinesa. Está ali para ganhar experiência e aprender sobre o mundo. A vaga paralímpica caiu em seu colo, e conhecer um país novo e todas aquelas pessoas, dos mais diferentes lugares do planeta, já é o bastante para ele. Xu Qing sabe que tem sorte: qualquer atleta com a chance de representar a própria nação tem muita sorte. Ele vai entrar na piscina e vai dar o seu melhor, mesmo que não seja o suficiente para vencer.

Xu Qing não vai chegar nem à final: vai terminar em nono. Vai voltar para casa um pouco chateado, mas não muito, porque aquilo já estava meio que previsto. O que Xu Qing não sabe é que, quatro anos depois, aos quinze anos, vai ganhar três medalhas de ouro nas Paralimpíadas de Beijing e ser aclamado pela torcida de seu país. O que Xu Qing não sabe é que, outros quatro anos depois, vai ganhar mais quatro medalhas nas Paralimpíadas de Londres. E, outros quatro anos depois, vai ganhar três no Rio de Janeiro. O que Xu Qing não sabe é que vai fazer uma tatuagem de tubarão nas costas, que será seu amuleto da sorte e o ajudará a nadar mais rápido. E que vai ficar conhecido entre os fãs como o Rei dos Dez Ouros.

Mas, no momento, Xu Qing é um menino que acabou de completar doze anos e está diante de uma piscina. Ele não sabe de nada disso. E nós não vamos contar, para não estragar a surpresa.

XU QING nasceu na China em 1992. Aos seis anos, perdeu os dois braços em um acidente de carro. Aos sete, começou a nadar. Hoje, é o maior medalhista paralímpico de seu país.

A mãe de Yayoi a pegou pintando outra vez. Ela não gosta que a filha pinte. Os Kusama são uma família rica e tradicional, e a mãe acha que Yayoi deve se concentrar em desenvolver as habilidades necessárias para ser uma boa esposa e dona de casa. Assim, em breve vão poder lhe arranjar um excelente casamento.

No começo, a mãe pegava as pinturas da menina e as escondia ou até rasgava na frente dela. Aquilo, no entanto, parecia ser um incentivo à produção de Yayoi, que simplesmente pintava o dobro, o triplo, o quádruplo. Depois a mãe tirou suas aquarelas, seus pastéis, suas tintas a óleo, suas telas, certa de que, sem material, o problema estaria resolvido. Então Yayoi passou a utilizar em suas criações tudo o que encontrasse pela frente: papel, mantimentos, barro... e com aquilo a mãe não tinha como sumir.

Agora a mãe ordenou que Yayoi fique sentada em uma cadeira, sem fazer nada, até que ela a deixe sair. O que está demorando bastante para acontecer. Os olhos da menina estão fixos na toalha de mesa há tanto tempo que as florezinhas vermelhas da estampa — um círculo de bolinhas, em volta de outra bolinha — parecem se mover e se embaralhar.

Yayoi leva os olhos ao teto, para descansá-los, mas encontra o mesmo padrão ali. Com um sobressalto, ela volta a baixar a cabeça, então se surpreende ao perceber que aquelas bolinhas estão por toda parte: nas paredes, nas janelas, em todo o cômodo... até em seu corpo! A própria Terra é uma bolinha em meio a milhões de bolinhas no cosmos, Yayoi se dá conta.

Ela sente que está desaparecendo, que a natureza à sua volta está desaparecendo, tudo girando no tempo eterno, no espaço absoluto. Tudo é uma coisa só, uma rede de bolinhas. E Yayoi entende que aquelas bolinhas são o caminho para o infinito.

YAYOI KUSAMA nasceu no Japão em 1929. É uma das artistas plásticas mais importantes da atualidade, conhecida por seu uso obsessivo de bolinhas. Diagnosticada com esquizofrenia, ela mora por decisão pessoal em uma instituição psiquiátrica próxima ao estúdio onde trabalha.

Havia um medronheiro perto da casa de Tzipi. A árvore devia ter uns cinco metros de altura e dava uns frutos agridoces que bem mais ou menos lembravam morangos. Era para lá que a menina ia logo cedo todo dia, depois de se vestir, comer qualquer coisa e escovar os dentes.

A pequena Tzipi estava determinada: ia conseguir subir naquela árvore, não importava o tempo que levasse. Alguns anos antes, ela havia ficado muito doente, e agora usava muletas. Isso nunca a impediu de fazer o que as outras crianças faziam. Se elas brincavam de esconde-esconde, Tzipi brincava de esconde-esconde. Se brincavam de pique-pega, Tzipi brincava de pique-pega. E até mesmo se plantavam bananeira, Tzipi plantava bananeira. Só que quando subiam em árvores ela tinha um pouco mais de dificuldade de acompanhá-las.

Aquilo não era um problema se estivesse entre as crianças do bairro, porque ali todos eram seus amigos. Ninguém riria de Tzipi se ela não conseguisse fazer alguma coisa. Mas, na escola, as coisas eram bem diferentes. Parecia que todos a tratavam como se fosse inferior. Alguns nem a cumprimentavam. Era como se ela não valesse nada.

Tzipi sabia que tinha muito valor, independentemente de conseguir subir numa árvore ou não. E ia provar isso subindo na árvore que ficava no meio do pátio da escola, na frente de todo mundo. Era uma questão de treino e de tempo.

A família não entendia sua obsessão, e passou a achar que era loucura depois que ela sofreu uma queda feia e quebrou o braço. Mas Tzipi não queria saber. Agora o braço estava totalmente curado e ela ia tentar de novo, de novo e de novo, levantando-se toda vez que caísse, sem pressa e com a convicção de que um dia iria conseguir.

ZIPORA RUBIN-ROSENBAUM, ou TZIPI, é uma paratleta israelense nascida em 1946. Depois de uma poliomielite, aos quatro anos, passou a utilizar muletas para se locomover. Conquistou trinta medalhas paralímpicas, em basquete, natação, tênis de mesa e diferentes modalidades dentro do atletismo.

SOBRE AS ESCRITORAS E A ILUSTRADORA

ANA CLARA MONIZ nasceu em Piracaia (SP) em 2000. Sempre foi curiosa. Adorava conhecer pessoas diferentes e queria saber todos os porquês do mundo. Quando não lhe explicavam, ia atrás das respostas sozinha. Ela se formou em jornalismo e trabalha falando sobre sua deficiência na internet. Decidiu escrever este livro para contar as histórias que mais tocaram sua vida no caminho até aqui.

LÍGIA AZEVEDO nasceu em 1983 em São Paulo (SP). Sempre foi louca por livros. Quando pequena, ia à biblioteca pública toda sexta-feira. Os pais diziam que o mundo podia cair à sua volta que ela nem percebia caso estivesse lendo. Trabalha no mercado editorial desde que se formou em jornalismo. Ultimamente, gasta boa parte do seu dinheiro comprando livros para o filho pequeno e sabe de cor os textos preferidos dele.

BRUNA ASSIS BRASIL nasceu em Curitiba (PR) em 1986. Sempre amou fazer arte. Quando criança, uma das suas atividades preferidas era criar livros cheios de desenhos para as suas bonecas. Depois de adulta, transformou a paixão da infância em profissão. Formou-se em design gráfico e estudou Ilustração Criativa em Barcelona. Hoje, Bruna tem dezenas de livros ilustrados, muitos deles premiados.

Esta obra foi composta em Atkinson Hyperlegible e impressa pela Gráfica Santa Marta em ofsete sobre papel Alta Alvura da Suzano S.A. para a Editora Schwarcz em agosto de 2024